hē‘ī. *noun.* papaya.

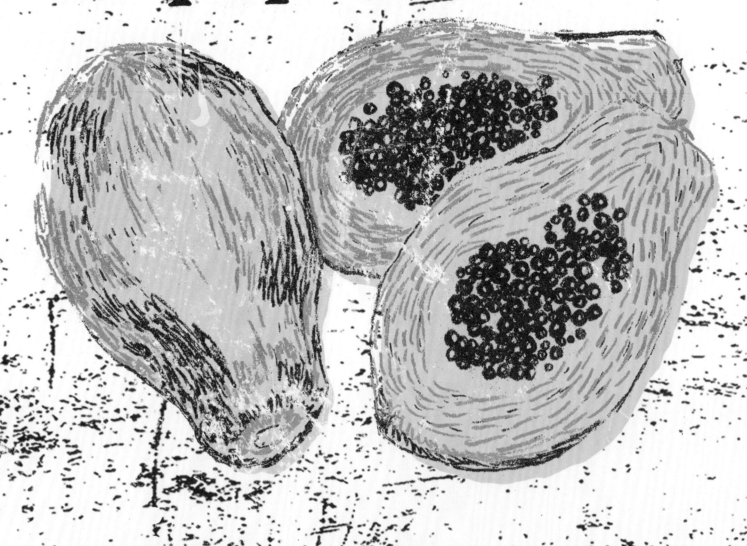

Hawai'i in meiner Küche

Ein Aloha Kochbuch

Cyndia Hartke

Aloha, e komo mai.

phrase. Come in, welcome.

Büchergilde Gutenberg

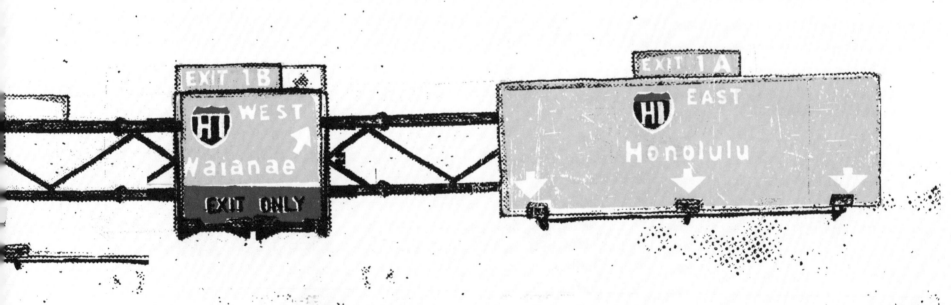

Inhalt

Vegetarische Rezepte

Rezepte mit Fisch und Meeresfrüchten

Rezepte mit Fleisch

Lā'ape noun.
Monstera.

So wird's gemacht - wehewehe

Hier findest du deine Zutaten

und hier, für wieviele Menschen das Rezept reicht

Das brauchst du:
2 mittelgroße Papayas, 1 Gurke, 250 g Tomaten, 2 rote kleine Chilischoten, Saft von 2 Limetten, 1 Bund Koriander, 1 Mango, Meersalz, 1 Prise braunen Rohrzucker, Olivenöl, Balsamicoessig.

Macht ○○○○ Esser glücklich.

Und das auch:

diese Küchenhelfer brauchst Du

und so kochst du

Papayakerne entfernen

fein schneiden

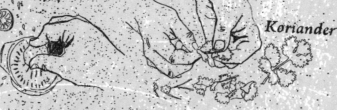

Koriander

E ʻai kāua -
Let's eat!

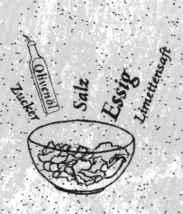

Zucker Olivenöl Salz Essig Limettensaft

Rock'n'Roll

Waikiki flavours

Diamond Head
Pink Palace
Outrigger Canoe Club
Waikiki Soup

Waikiki soup

Das brauchst du:

3 Schalotten, 3 cm Ingwer, 3 Karotten, Kokosöl, ¾ l Gemüsebrühe, Kardamom,
3 kleine rote Chilischoten, 2 TL Curry, 1 Ananas, 1 Mango, Saft von 2 Orangen,
1 Dose Kokosmilch, 1 Dose Kichererbsen, Saft von 2 Limetten, Sojasoße, frisch
gemahlenen Pfeffer, Meersalz, 1 Prise braunen Rohrzucker, 1 Bund frische Minze.

Und das auch: *Macht* 🙂👁🥥🥥🙂👁 *Esser glücklich.*

Öl   Brühe

anschwitzen

Kardamom

aufkochen und 10 Min.
köcheln lassen

Currypulver
Orangensaft
Ananas

pürieren

10 Min.
köcheln lassen

Limettensaft   Zucker **Salz**

Minze fein hacken

Hawaiian Mango Salsa

Das brauchst du:

2 mittelgroße Papayas, 1 Gurke, 250 g Tomaten, 2 kleine rote Chilischoten,
Saft von 2 Limetten, 1 Bund Koriander, 1 Mango, Meersalz, 1 Prise braunen Rohrzucker,
Olivenöl, Balsamicoessig.   *Macht* ◕ ◕◕ ◕ *Esser glücklich.*

Und das auch:

Papayakerne entfernen

fein schneiden

Koriander

Zucker   Olivenöl   Salz   Essig   Limettensaft

9

Shave ice

is very fine shaved
water ice
topped with
several colored flavorings —

like passion fruit,
guava or mango.

Matsumoto
in Hale'iwa
is a famous shave
ice producer

aloha

SHAVE ICE

MED 2.75   LG 3.00   DRINKS

LIME   BOTTLE WATER

GRAPE   5 1.00

MANGO

CHERRY

CANDY · FRUITPUNCH   EXTRAS

BERRY · GUAVA   LI HING MUI .25

· LYCHEE   CREAM FLAVORS .25

PASSIONFRUIT   SWEET MILK .25

AZUKI BEANS .50

ICE CREAM .50

SURF'S UP

sweet potatoes

Das brauchst du:
5 Süßkartoffeln, 100 g Butter, 3 EL braunen Rohrzucker, 50 ml Wasser, 150 g Kokosraspeln.

Und das auch:

Macht 😊 😊 😃 👀 Esser glücklich.

Süßkartoffeln
30 Min. gar kochen

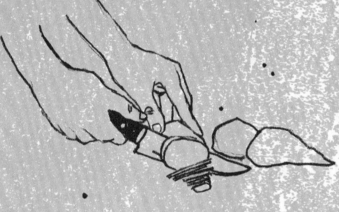

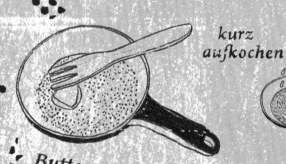

Butter und Zucker karamellisieren

kurz aufkochen

50 ml Wasser

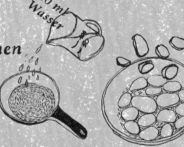

Kartoffelscheiben **zugeben**

mit Kokosraspeln bestreuen, dabei **wenden**

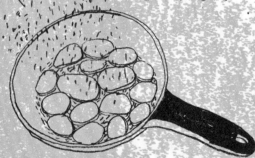

pea lau'ai

Das brauchst du:

2 mittelgroße Papayas, 2 TL Papayakerne, 2 Avocados, 100 g geröstete Pecannüsse,
Saft von 1 Limette, 1 rote Zwiebel, 3 EL Reisessig, 2 EL Honig, 1 EL Senf, ½ TL Kreuzkümmel,
Meersalz, 100 ml Olivenöl, frisch gemahlenen Pfeffer, 250 g Feldsalat.

Macht 😊 😊 😊 😊 Esser glücklich.

Und das auch:

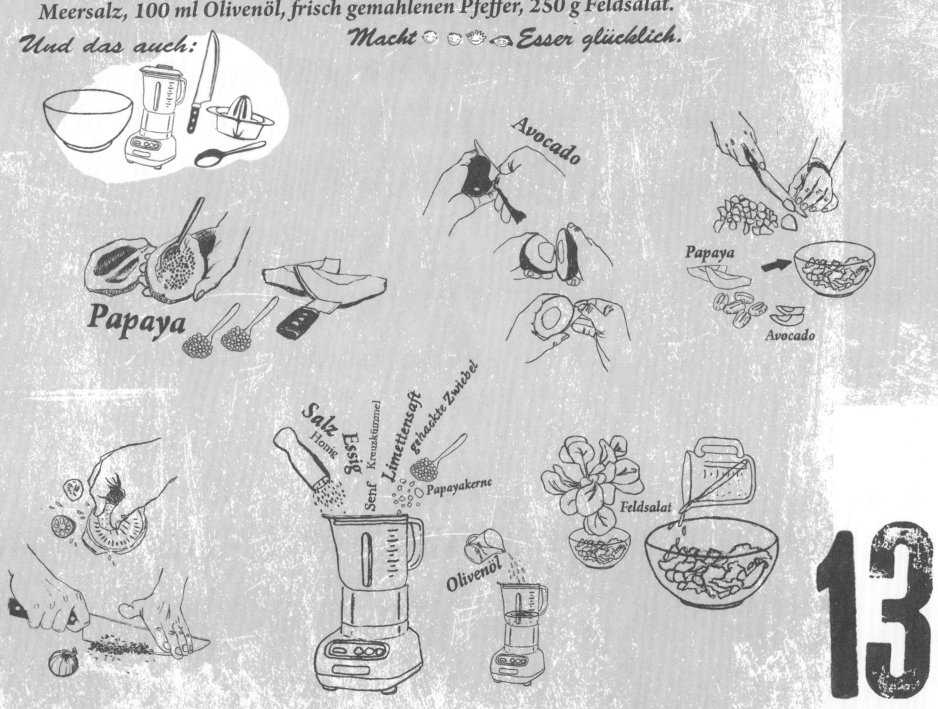

Avocado

Papaya

Papaya

Avocado

Salz
Honig
Essig
Senf
Kreuzkümmel
Limettensaft
gehackte Zwiebel
Papayakerne

Feldsalat

Olivenöl

13

Because the pineapple fruit looked similar to the fruit of the hala tree, pineapples were called "hala kahiki" Kahiki means "foreign" — a foreign hala.

halakahiki pūpū 15

Das brauchst du:
2 kleine rote Chilischoten, 1 EL braunen Rohrzucker, Olivenöl, 4 cl braunen Rum, 50 ml Sojasoße,
1 Ananas, 10 Blätter Mangold, 100 g geröstete gesalzene Macadamianüsse, 250 g Frischkäse,
1 Packung Filo (auch Yufka, eine Art Blätterteig). *Macht* 👁😊😊😊👁 *Esser glücklich.*

Und das auch:

Zucker

12 Std.

Mangold Strünke entfernen

1 Min. blanchieren

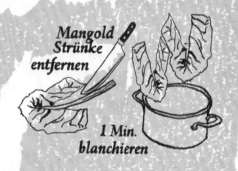

Macadamianüsse

Frischkäse

Filo

marinierte **Ananas** Frischkäse Mangold

Päckchen formen

220° C
20 Min.

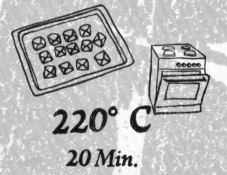

HALAKAHIKI TOMATO CHUTNEY

Das brauchst du:

3 cm Ingwer, 2 Knoblauchzehen, 2 kleine rote Chilischoten, Kokosöl, 3 TL Madras Currypulver, 250 g Tomaten, 1 Ananas, 60 g braunen Rohrzucker, 100 ml Apfelessig, Meersalz, frisch gemahlenen Pfeffer. *Macht* 😊 😊😊😊 😊 *Esser glücklich.*

Und das auch:

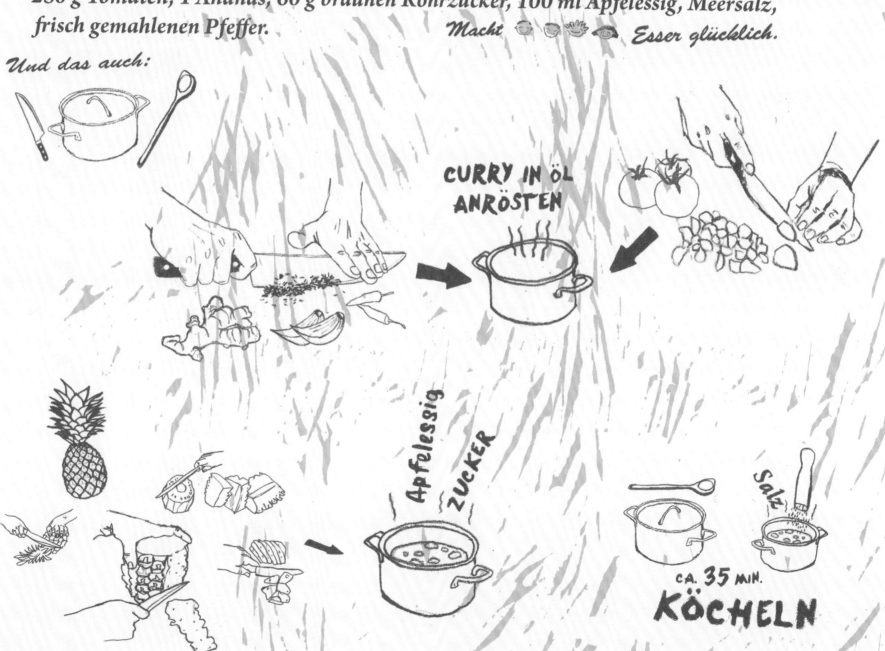

CURRY IN ÖL ANRÖSTEN

Apfelessig

Zucker

Salz

CA. 35 MIN. KÖCHELN

Kaua'i

O'ahu

Pu'uwai   Lihu'e

Moloka'i

Ni'ihau

Honolulu   Kaunakakai   Wailuku   Maui

Lāna'i   Hāna

Kaho'olawe

Hilo

Kona

The Hawaiian Islands are an
archipelago in the North Pacific Ocean.

Big
Island
Hawai'i

Hawai'i counts 137
islands in the
Hawaiian chain.
The islands are about 1,860
miles from the nearest
continent.

Maui Som Tam

Das brauchst du:

1 mittelgroße grüne (unreife) Papaya, 1 Zwiebel, 3 Tomaten, 2 Knoblauchzehen,
2 kleine rote Chilischoten, 50 g geröstete gesalzene Macadamianüsse, 1 Limette, 3 cm Ingwer,
4 EL süße Chilisoße, 2 TL Fischsoße, 2 EL Sojasoße. *Macht* 👄👄👄👄 *Esser glücklich.*

Und das auch:

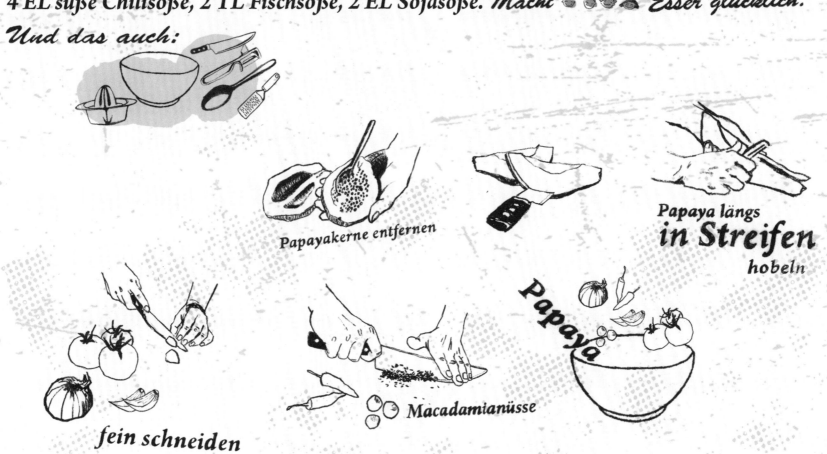

Papayakerne entfernen

Papaya längs **in Streifen** hobeln

fein schneiden

Macadamianüsse

Papaya

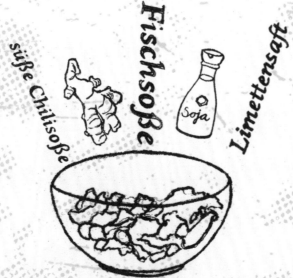

süße Chilisoße

Fischsoße

Soja

Limettensaft

19

Hula

Der Hula ist ein erzählender hawaiianischer Tanz.
Er besteht aus vielen unterschiedlichen Hand-, Hüft- und Fußbewegungen,
die bestimmte Wörter und Handlungen darstellen
und im Zusammenspiel komplexe Inhalte wiedergeben.

FOOD · GAS · SHOPS · BEACHES

Surf and Sea in Hale'iwa

Hale'iwa is a small village in the north of O'ahu.

It is well known for its famous surf spots like sunset beach, waimea bay and banzai pipeline

HALE'IWA
NORTH SHORE

lomilomi salmon

Das brauchst du:
Saft von 3 Limetten, 500 g frisches Lachsfilet, Meersalz, 2 kleine Zwiebeln, 200 g Tomaten,
1 Bund Frühlingszwiebeln, 2 kleine rote Chilischoten, braunen Rohrzucker, frisch gemahlenen Pfeffer.

Und das auch:

Macht ○○○○○○○ Esser glücklich.

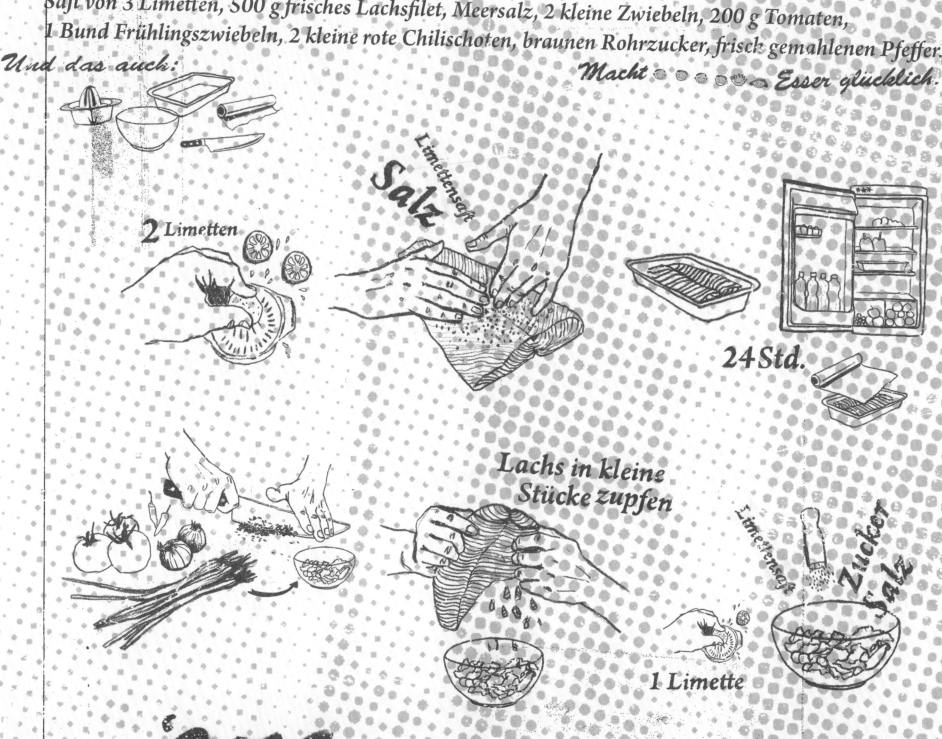

2 Limetten

Limettensaft
Salz

24 Std.

Lachs in kleine Stücke zupfen

1 Limette

Limettensaft
Zucker
Salz

ono pūpū

pūpū ━ appetizer

How to speak **Hawaiian**

'ahi. noun. *hawaiian yellow-fin tuna*

'ono. delicious, tasty.

poke. noun. *raw fish salad*

poke. to slice or cut into pieces.

'ahi poke hawaiian style

Das brauchst du:

2 cm Ingwer, 2 Zwiebeln, 2 Knoblauchzehen, 100 g geröstete gesalzene Macadamianüsse,
1 Bund Frühlingszwiebeln, 2 kleine rote Chilischoten, 500 g frischen Thunfisch (Sashimi-Qualität),
50 g geröstete Sesamsaat, 2 EL Sesamöl, 5 EL Sojasoße, Meersalz.

Und das auch: Macht 👁👁👁👁👁 Esser glücklich.

'ahi

Macadamianüsse

Sesam
Salz
Soja
Sesamöl

2 Std.

25

honu. noun.
turtle

'ōpae.
noun. shrimp.

'ono 'ōpae

Das brauchst du:

1 Ananas, 250 g Champignons, 200 g Bacon in Scheiben, 750 g gekochte Shrimps ohne Schale, 1 Papaya, 2 EL Papayakerne, Saft von 1 Limette, 2 kleine Zwiebeln, 3 EL Reisessig, 2 EL Honig, 1 EL Senf, 1 TL gemahlenen Kreuzkümmel, Meersalz, frisch gemahlenen Pfeffer, 150 ml Olivenöl.

Macht 😊😊😊😋 Esser glücklich.

Und das auch:

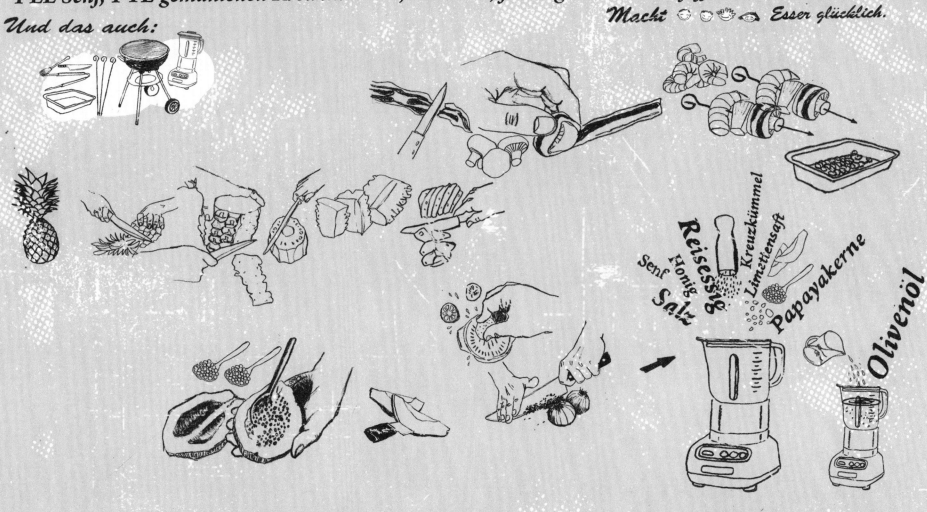

Marinade 24 Std.

oder im Backofen 8 - 10 Min. grillen.

Spieße immer wieder mit der restlichen **Marinade** bestreichen

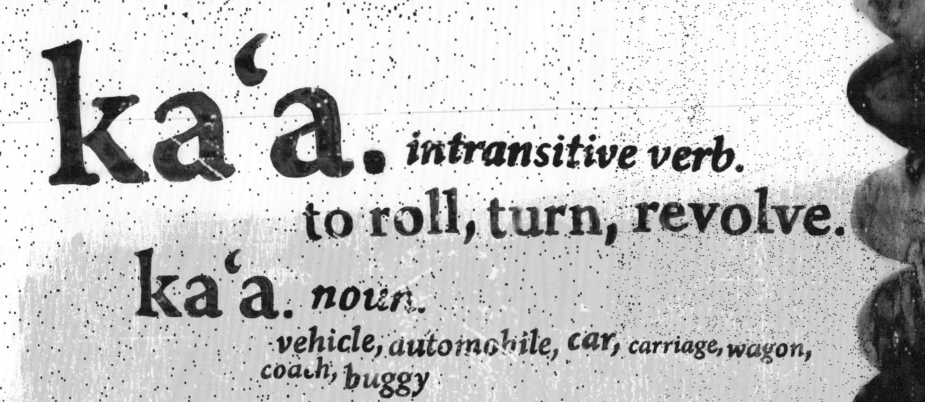

ka'a. *intransitive verb.*
to roll, turn, revolve.
ka'a. *noun.*
vehicle, automobile, *car*, carriage, wagon, coach, buggy

ŌPAE HALAKAHIKI SALAD

Das brauchst du:
Saft von 1 Limette, 50 ml Sesamöl, 100 ml Ananassaft, 100 ml Apfelessig, 100 ml Olivenöl, 1 EL braunen Rohrzucker, Meersalz, frisch gemahlenen Pfeffer, 1 Ananas, 1 Kopfsalat, 1 Dose Wasserkastanien, 250 g gekochte Shrimps ohne Schale, 50 g geröstete Sesamsaat.

Und das auch:
Macht 👁 😊 😊 😊 Esser glücklich.

Sesamöl, Apfelessig, Zucker, Limettensaft, Olivenöl

Salz

Sesam

Kopfsalat schneiden

Wasserkastanien fein hacken

29

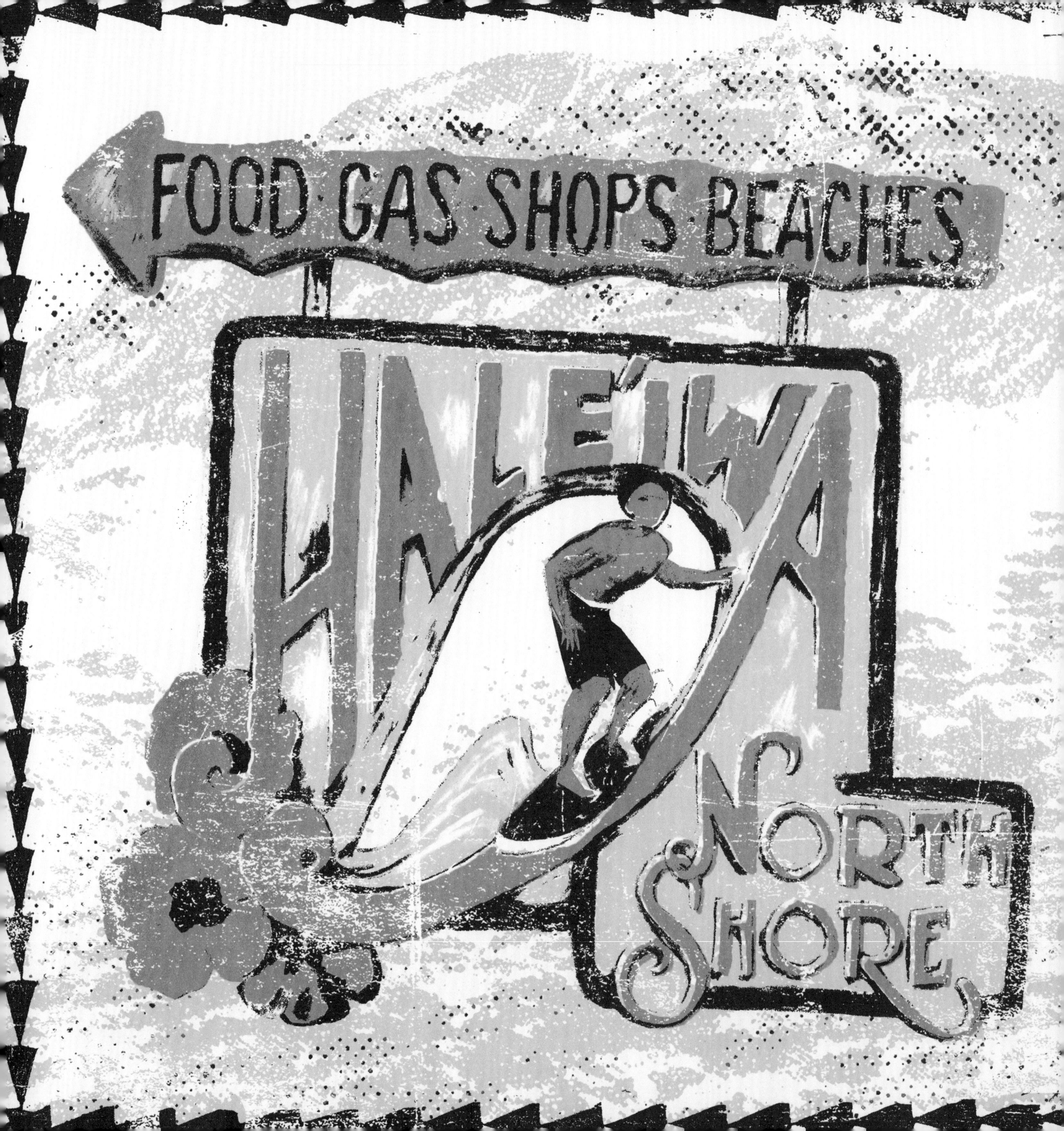
FOOD·GAS·SHOPS·BEACHES
HALE'IWA
NORTH
SHORE

Mango Mai Tai Poke

Das brauchst du:

4 Knoblauchzehen, 3 cm Ingwer, 1 EL Reisessig, 2 EL Sesamöl, 4 EL süße Chilisoße, 50 ml Maracujanektar,
50 ml Ananassaft, 100 ml Sojasoße, 4 cl Rum, Mehl zum Binden, 1 Bund Koriander, 1 Bund Frühlingszwiebeln,
2 Zwiebeln, 200 g geröstete gesalzene Macadamianüsse, 1 kg frischen Thunfisch (Sashimi Qualität),
1 frische Mango, Saft von 1 Limette, Meersalz, frisch gemahlenen Pfeffer.

Und das auch: Macht 😊 😊 😊 😊 Esser glücklich.

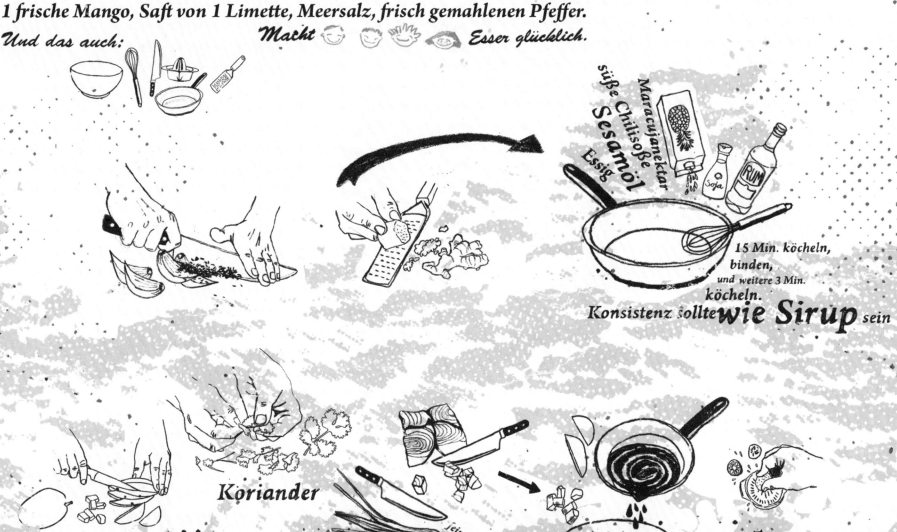

Maracujanektar
süße Chilisoße
Sesamöl
Essig
Soja
RUM

15 Min. köcheln,
binden,
und weitere 3 Min.
köcheln.
Konsistenz sollte **wie Sirup** sein

Koriander

Macadamianüsse
fein schneiden

Limettensaft Salz

baked 'ōpakapaka

Das brauchst du:

2 Red Snapper Filets, 1 Orange, 1 TL Orangenschale, 1 EL Sesamöl, frisch gemahlenen Pfeffer,
3 EL Sojasoße, 3 Frühlingszwiebeln, Meersalz. *Macht* ● ● *Esser glücklich.*

Und das auch:

Orangenschale
Orangensaft
Sesamöl
Soja

2 Std.

180° C
ca. 20–30 Min.

dabei immer wieder mit der restlichen **Marinade** bestreichen

Salz

33

he'enalu. *he'enalu.* **noun.** *Surf, surfing,* surf rider. *verb.*
to ride a surfboard.
Literally "wave (nalu) sliding (he'e)." the **Hawaiian** word for **surfboard** is *papahe'enalu.* **he'e.** *intransitive verb.* **nalu.** *noun.* Wave, surf (**sea surf**). to slide, **surf,** slip.

Surfen

Hawaiianische Seeleute entwickelten das Wellenreiten. Erst surften die Hawaiianer - Männer, Frauen und Kinder - auf dem Bauch auf kurzen Holzbrettern (Boogie Board surfing). Später wurde auch im Stehen auf längeren Brettern gesurft.

Das Surfen war so tief im Alltag verankert, dass manchmal alles zum Erliegen kam, wenn die Wellen gut waren.

imu *noun*: hawaiian underground oven **traditionally the** whole pig is cooked in an imu the cooked pork is called kālua pork

Hawaiians

digging up a pig from the imu.

'**Ono** kine grind!

LAU LAU
PASTELE
SMOKE
MEAT
and
specialty
items

kãlua pork

Das brauchst du:
5 cm Ingwer, 4 TL Meersalz, 4 TL Hickory Rauchsalz, 2 kg Schweinebraten, Macadamianussöl.

Macht 🌺🌺🌺🌺🌺 *Esser glücklich.*

Und das auch:

oder

Salz Hickory Rauchsalz

Schweinebraten rundherum mit der Gabel einstechen

Braten mit **Gewürzen** einreiben

oder

Römertopf 15 Min. wässern

7-8 Std. 100°C

nach dem Garen **Braten mit** den Händen **auseinanderzupfen**

und mit etwas Macadamianussöl und **Bratensaft** vermengen

37

local grind LOCoMoco

Das brauchst du:
250 g Reis, 1 rote Zwiebel, 2 Knoblauchzehen, 3 Zweige frischen Rosmarin, 5 Eier,
100 g Cracker, 600 g Rinderhack, Meersalz, 1 TL Hickory Rauchsalz, frisch gemahlenen Pfeffer,
Öl zum Anbraten, 1 Bund Frühlingszwiebeln, 500 ml dunkle Bratensoße.

Und das auch:

Macht 😊 😊 😊 😊 Esser glücklich.

Reis nach
Packungsvorgabe
zubereiten

Cracker in
Plastiktüte
zerkleinern

Salz

Rinderhack

Hickory Rauchsalz

30 Min.

vier Buletten braten

vier Spiegeleier braten

Bratensoße
nach
Packungsvorgabe
zubereiten

Spiegeleier
Buletten
Reis

Bratensoße

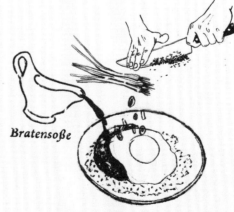

39

DOGGY's PIPI KAULA

'Das brauchst du:
3 cm Ingwer, 2 Knoblauchzehen, 100 ml Wasser, 250 ml Sojasoße, 50 g braunen Rohrzucker,
3 TL Hickory Rauchsalz, 2 TL Salz, 1 EL Limettensaft, 3 kleine rote Chilischoten,
1 kg Filetsteak oder Lendensteak vom Rind. *Macht* 😊 😊 😊 😊 *Esser glücklich.*

'Und das auch:

Wasser · Limettensaft · Zucker · Hickory Rauchsalz · Salz

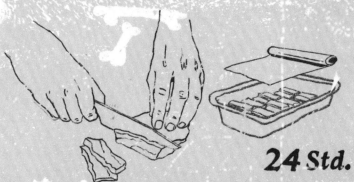

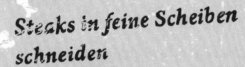

Steaks in feine Scheiben schneiden

24 Std.

150° C
7-8 Std.

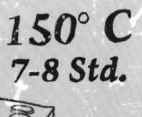

41

huli huli chicken

Das brauchst du:

4 cm Ingwer, 2 Knoblauchzehen, 3 Schalotten, Saft von 1 Limette, 1 EL Sesamöl, 2 EL Sherry, 150 ml Tomatenketchup, 50 ml Olivenöl, 4 EL Honig, 150 ml Sojasoße, 2 EL braunen Rum, 3 kleine rote Chilischoten, 1 TL Piment, ½ TL Zimt, 150 ml Bier, 100 g braunen Rohrzucker, 2 große Brathähnchen oder 2 kg Hähnchenfleisch. *Macht* 😋😋😋😋😋😋 *Esser glücklich.*

Und das auch:

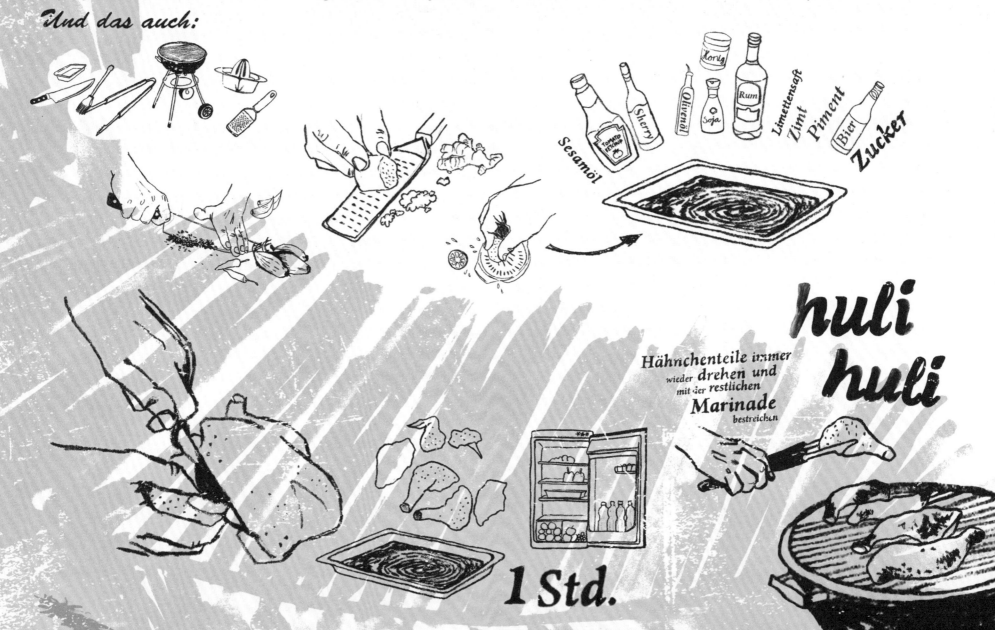

Sesamöl · Ketchup · Sherry · Olivenöl · Soja · Honig · Rum · Limettensaft · Zimt · Piment · Bier · Zucker

Hähnchenteile immer wieder **drehen** und mit der restlichen **Marinade** bestreichen

huli huli

1 Std.

Aus Spanien und Mexico kamen die ersten **Paniolos** (hawaiianische Cowboys), abgeleitet von „Espagnols", und führten die **Gitarre** auf Hawai'i ein. Dies war auch die Geburtsstunde von ki hō'alu, der hawaiianischen **Slack Key Guitar**.

Etwas **später** brachten portugiesische Einwanderer die **'Ukulele** mit nach **Hawai'i**.

PANIOLO
STEAK POKE

Das brauchst du:

4 Knoblauchzehen, 4 cm Ingwer, 2 kleine rote Chilischoten,
100 ml Reisessig, 4 EL Sesamöl, 300 ml Sojasoße,
3 EL braunen Rohrzucker, 800 g Lendensteak (4 Stück), 2 Zwiebeln,
1 Bund Frühlingszwiebeln, 250 g Kirschtomaten, 100 g Asia-Seetang (Wakame)
1 EL geröstete Sesamsaat. *Macht*    *Esser glücklich*

Und das auch:

schälen und grob **zerkleinern**

Sesamöl · Chili · Zucker

Essig · Soja

24 Std.

Die Hälfte der Marinade
für den Salat
aufbewahren

Seetang 10 Min. in
Wasser einweichen,
trockentupfen und in
feine Streifen schneiden

Steaks braten und in
dünne Streifen schneiden

Sesam

Marinade

45

lemi

Lemon (Citrus limonia, lime)

moa
Chicken,
red jungle chicken

(Gallus gallus)

Das brauchst du:

1,5 kg Hähnchenschenkel, 2 kleine rote Chilischoten, 2 Knoblauchzehen, 3 cm Ingwer, 3 Limetten, 2 EL braunen Rohrzucker, 50 ml Olivenöl, 5 EL Sojasoße, Meersalz, frisch gemahlenen Pfeffer.

Macht 😊 😊 😊 😊 *Esser glücklich.*

Und das auch:

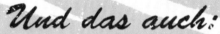

Zucker **Salz** Olivenöl Soja

pürieren

2 Std.

220° C
45 – 60 Min.

Aloha

Aloha bedeutet „Liebe", „Hallo" oder „Tschüss" und ist auf Hawai'i allgegenwärtig.

Die tiefere spirituelle Bedeutung des Wortes liegt in den Silben 'ALO (Vorhandensein, Anwesenheit, teilen) und HĀ (Atem, Lebensenergie).

Für die Hawaiianer drückt Aloha eine Lebenshaltung aus, in der man sich mit Liebe, Achtung und Respekt begegnet – indem man den Atem des Lebens teilt.

49

Hawaiianisches Wörterbuch

'ahi
Hawaiianischer Thunfisch, insbesondere
Gelbflossen-Thunfisch

a hui hou
Abschiedsgruß, wörtlich: „bis wir uns
wiedersehen"

brah *(Pidgin, „brother")*
Bruder

brok da mout *(Pidgin, „broke the mouth")*
richtig lecker

da kine *(Pidgin)*
wird als Platzhalter für alles
Mögliche verwendet; ähnlich wie das
deutsche Wort „Dings"

e 'ai kāua
Guten Appetit

grind *(Pidgin)*
Essen

halakahiki
Ananas

he'e nalu
surfen

honu
Schildkröte, insbesondere die grüne
Seeschildkröte

huli huli *(Pidgin)*
umdrehen. „Huli huli chicken" wurden
ursprünglich Hühner aus dem
Grillimbiss genannt, die in einer
Rotisserie gebraten werden. Das Wort
hat sich auf ein Grillrezept für
Hühnchen übertragen.

ka'a
1. Verb. rollen, drehen, kreiseln
2. Nomen. Auto

kālua
Speisen, die in einem Erdofen (imu)
zubereitet wurden

kau kau *(Pidgin)*
1. Verb. essen
2. Nomen. Essen

kī hō'alu
Hawaiianische Slack Key Guitar

lā'ape
Monstera deliciosa, Fensterblatt

lau 'ai
Salat, Gemüse

lemi
Zitrone

papa wehewehe ʻōlelo

Loco Moco
Typisch hawaiianisches Gericht, in der Grundversion bestehend aus weißem Reis, einem Hamburger Patty, Spiegelei und brauner Bratensoße

lomilomi
Hawaiianische Massage. „Lomilomi Salmon" bedeutet „massierter Lachs"

mahalo
1. Danke, Dankbarkeit; danken
2. Bewunderung, Lob, Wertschätzung, Respekt

moa
Huhn

nalu
Welle

ʻono
lecker, köstlich

onolicious
lecker, köstlich (zusammengesetzt aus dem hawaiianischen „ono" und dem englischen „delicious")

ʻōpae
Shrimp, Garnele

ʻōpakapaka
Roter Schnapper (Fisch)

papa heʻe nalu
Surfbrett

paniolo
Cowboy, abgeleitet von „espanol", da die ersten hawaiianischen Cowboys aus Spanien kamen

poke
1. Verb. in Stücke schneiden
2. Nomen. roher Fischsalat

pūpū
Vorspeise, Snack, Appetizer

pupule
verrückt

Spam Musubi
Hawaiianischer Snack. Besteht in der Grundversion aus einem Reisblock, belegt mit einer Scheibe gebratenem Spam (ähnlich wie Frühstücksfleisch), umwickelt mit einem Algenblatt.

ʻukulele
Kleines gitarrenähnliches Musikinstrument; wörtlich: „hüpfender Floh"

Waikīkī
Stadtteil von Honolulu; wörtlich: „sprudelndes Wasser"

wehewehe
etwas erklären

wikiwiki
sehr schnell

51

Über

Cyndia Hartke, geb. 1975, studierte
Soziologie und Illustration in Hamburg.
Wenn sie nicht gerade mit Feuereifer am Zeichentisch
zu Werke geht, reist sie gerne um die Welt
und sammelt Inspirationen für ihre zweite Leidenschaft:
das Kochen.

dieses Buch

Inspiriert zu diesem Buch wurde ich durch eine mehrwöchige Reise nach Hawai'i.

Als Illustratorin hatte ich natürlich mein Skizzenbuch dabei und habe viel gescribbelt und notiert. Die Fülle und Schönheit der Natur, die Farbigkeit und teilweise noch gelebte archaische Kultur haben mir direkt „den Kopf verdreht", das Thema hat mich seitdem nicht mehr losgelassen. Da ich mit relativ kleinem Budget unterwegs war, habe ich meistens an Food Trucks, auf Farmer Markets oder bei Hawaiianern direkt „local style food" gegessen, köstlich! Interessant fand ich da schon die Fusion der hawaiianischen Küche - polynesisch mit starken asiatischen und einigen europäischen Einflüssen. Nach meiner Rückkehr habe ich für meine Freunde die liebsten Urlaubsspeisen nachgekocht, Rezepte adaptiert und weiterentwickelt, gleichzeitig viel über die Entwicklung der hawaiianischen Küchenkultur recherchiert und gelesen, bin also tief in das Thema eingetaucht. Da lag die Verbindung meiner beiden Leidenschaften im Rahmen eines gezeichneten Kochbuchs auf der Hand.

Mein tiefer Dank gilt allen Menschen, die mich während der Entstehung dieses Buches begleitet haben: meiner Familie, meinen Freunden und vielen weiteren Weggefährten; für ihre Inspirationen, Beiträge, Einflüsse und Unterstützung. Insbesondere danke ich Janina Lux und der Büchergilde Gutenberg.

53

mahalo

Thanks, gratitude; thank [you].

Manchmal fügen sich die Dinge glücklich und Neues trifft zur rechten Zeit auf die, die danach suchen. Wo dann im Weiteren auf Augenhöhe und Hand in Hand gearbeitet wird, kann Besonderes entstehen. So geschehen auch bei diesem Band:

Wir sind sehr froh darüber, mit *Hawai'i in meiner Küche* ein Buch mit dem neuen *Kamiko* der Papierfabrik Schleipen umgesetzt zu haben, das uns durch seine textile Struktur, seine außergewöhnliche Haptik begeistert hat. Wie stark die Farben auf diesem Papier leuchten, welch glückliche Symbiose aus Motivik, Farbigkeit und Papier sich hier zeigt, freut uns außerordentlich – wir hoffen, auch Sie genießen es.

Hawai'i in meiner Küche ist vierfarbig im Offsetdruck auf *Kamiko shira*, 150 Gramm, gedruckt und als dreiseitig beschnittener Halbleinenband gebunden.

Dieses prächtige Buch verdanken wir keineswegs allein der glücklichen Fügung, sondern auch und vor allem dem profunden Können und der innovatorischen Offenheit unserer Partner.

Für die bereichernde Zusammenarbeit an diesem Band, für Neugier und Einfallsreichtum bedanken wir uns herzlich bei

der Papierfabrik Schleipen GmbH,
der Cordier Spezialpapier GmbH,
dem Memminger MedienCentrum Druckerei und Verlags-AG,
der Conzella Verlagsbuchbinderei Urban Meister GmbH & Co. KG.

Büchergilde Gutenberg, April 2018

1. Auflage 2018
Alle Rechte vorbehalten
Copyright © 2018 Büchergilde Gutenberg, Frankfurt am Main, Wien und Zürich
Text und Illustrationen: Cyndia Hartke, Hamburg
Lektorat: Dr. Angelika Winnen, Berlin
Herstellung: Cosima Schneider, Frankfurt am Main
Papier: Schleipen, Kamiko shira 150g, 1,5f.V
Druck: Memminger MedienCentrum, Memmingen
Bindung: Conzella Verlagsbuchbinderei, Aschheim
Printed in Germany 2018
ISBN: 978-3-7632-7028-6
www.buechergilde.de

A hui hou. *phrase.* Goodbye.

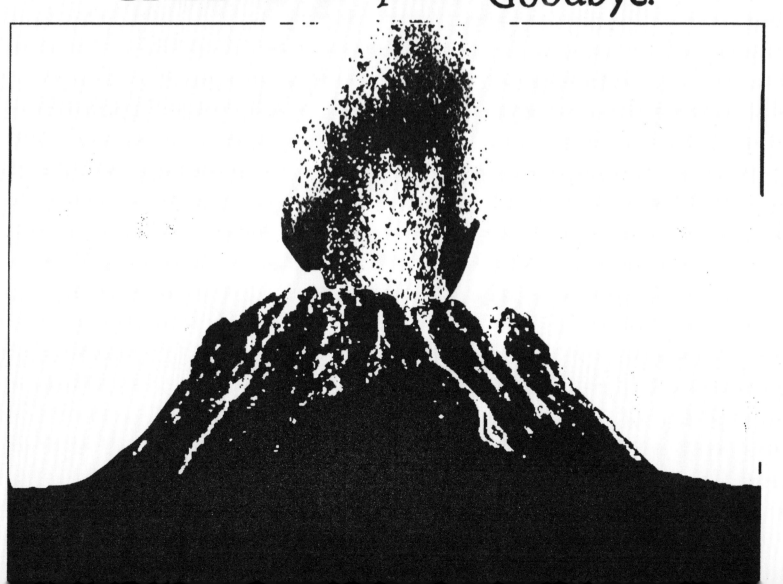